PHILOSOPHIE DE LA PREDATION

PHILOSOPHIE DE LA PREDATION

Dr. François Adja Assemien

THE REGENCY
PUBLISHERS

Copyright © 2023 by Dr. François Adja Assemien.

All rights reserved. No part of this book may be reproduced in any form or by any electronic or mechanical means, including information storage and retrieval systems, without permission in writing from the author and publisher, except by reviewers, who may quote brief passages in a review.

ISBN: 978-1-962313-80-3 (Paperback Edition)
ISBN: 978-1-962313-81-0 (Hardcover Edition)
ISBN: 978-1-962313-79-7 (E-book Edition)

Book Ordering Information

The Regency Publishers, US
521 5th Ave 17th floor NY, NY10175
Phone Number: (315)537-3088 ext 1007
Email: info@theregencypublishers.com
www.theregencypublishers.com

Printed in the United States of America

Sommaire

Du Même Auteur ix
Introduction xi
1 La Politique Prédatrice 1
2 L'économie Prédatrice 5
3 La Prédation Culturelle 9
4 Idéologie Et Prédation 13
5 Institutions Et Prédation 18
6 Civilisation Et Prédation 22
7 Démocratie Et Prédation 26
Conclusion 31
Résumé Du Livre 33
Biographie De L'auteur 35

Je dédie ce livre
Aux panafricanistes
Aux Maliens, aux Burkinabès
Aux Guinéens
Aux Centrafricains

Du Même Auteur

Les Rebelles Africains, roman, Edilivre, 2016
Les Règles d'or du bonheur, du succès, de la santé et du salut personnels, Edilivre, 2016
Introduction à la philocure, essai, Edilivre, 2016
L'Afrique interdite, roman, Edilivre, 2016
Le Monde ne vaut rien, essai, Edilivre, 2016
La Côte d'Ivoire a mal, essai, Edilivre, 2018
Président Donald Trump et les Africains, essai, Edilivre, 2020
L'Art de vivre en Amérique, guide, Edilivre, 2019
Education morale et spirituelle, Edilivre, 2016
La Conscience Africaine, essai, Edilivre, 2016
Thomas Sankara comme Thomas More et Socrate, essai, 2020
Ahikaba, roman, Mary Bro Foundation Publishing, London, 2018
Code électoral, roman, Black Stars, 1995
The Current slavery in Africa, essay, Global Summit House, 2000
Corona virus, essay, Global Summit House 2000
Let's save humanity and life, essay, Global Summit House, 2021
The Power of American women, essay, GoldTouch Press, 2021
Philosophy about life, essay, Global Summit House, 2021
La Puissance des femmes américaines, essai, GoldTouch Press, 2021
America is paradise, essay, Author's Note 360, 2021
La Philosophie de l'esprit africain, essai, L'Harmattan, 2021

The African Rebels, novel, Page Turner, 2020
La Philosophie de la faiblesse et de la folie, essai, The Regency Publishers, 2022
La Philosophie du développement personnel, essai, The Regency Publishers, 2023
Philosophy about American power and greatness, essay, The Regency Publishers, 2022
La Volonté de bonheur, essai, The Regency Publishers, 2022
Le Mali de Assimi Goïta et la révolution africaine, essai, Great Writers Media, 2022
Les Buts et les dangers des vaccins covid, essai, The Regency Publishers, 2023

Introduction

La philosophie de la prédation est une nouveauté dans l'univers de la pensée. Elle se situe dans le champ qui comprend la morale, l'éthique, le droit, la politique, l'économie. La philosophie se divise en deux grandes branches. Une branche s'appelle la connaissance et l'autre l'action. La philosophie de la prédation est rattachée à la philosophie de l'action dans la mesure où elle étudie le comportement, la conduite ou l'agir humains. En effet, la prédation est un comportement humain. La philosophie de l'action a produit la morale. La morale ou l'éthique est la théorie du bien et du mal. Elle énonce les règles et les conditions de la conduite admise ou jugée bonne, vertueuse et les principes de la conduite interdite, jugée mauvaise, vicieuse. La prédation est une conduite jugée immorale ou vicieuse. Elle est interdite au même titre que toutes les conduites jugées moralement négatives comme le vol, le pillage, le mensonge, le meurtre etc. Ces concepts entrent dans la compréhension et l'extension de la prédation. La prédation est un concept très large englobant des réalités sociologiques, psychologiques, moraux et juridiques. C'est pourquoi elle retient notre attention et mérite que nous lui consacrions cette étude philosophique. En effet, la prédation occupe une très grande place dans la vie et dans l'histoire de l'humanité en tant que phénomène social, politique, économique, culturel. Elle occupe une très grande place dans les relations géopolitiques et les interactions entre les humains, les peuples, les Etats, les continents.

Ainsi nous lui consacrons ici une réflexion critique qui dévoilera ses origines, ses causes, son essence, sa phénoménalité, ses caractéristiques fondamentales, définitionnelles. Nous devons dévoiler ses conséquences, le statut de ses pratiquants (les prédateurs) et de ses victimes (les prédatés). On pourra y trouver la manifestation des dynamismes de l'univers, de la nature et de la société. Autrement dit, la relation entre le prédateur et sa proie plonge ses racines dans le cosmos, la nature et la société. C'est quelque chose de très profond. En effet, l'univers est le premier responsable de l'existence et de la vie. Tous les êtres, tous les existants et tous les vivants dépendent absolument de lui. Il englobe tout. L'univers est le plus grand contenant ou réceptacle qui inclut la nature, la société, les peuples, les individus. Cela signifie qu'il est l'origine de tout. Il est le grand Tout. Nous lui devons tout ce que nous possédons, tout ce que nous sommes et tous nos actes. Notre corps, notre esprit, notre intelligence, nos connaissances, nos conduites, nos capacités, nos aptitudes, nos forces et nos faiblesses lui sont dus. Ce sont ses manifestations diverses, infinies et mystérieuses. Nous ne savons pas comment le grand Tout agit sur nous, ses créatures, de manière très détaillée et très claire. Nous sommes très limités dans notre connaissance des choses, des êtres et de nous-mêmes.

Dans l'étude de la prédation, focalisons-nous sur les comportements, les institutions, les inventions des hommes et des peuples. Il s'agira de chercher à répondre à des questions qui nous renvoient aux relations diverses et multiples entre les hommes (individus et groupes). Par exemple, qui fait quoi à qui ? A quel moment ? Dans quelle partie du monde ? De quelle façon ? Avec quels moyens ? Pour quelles raisons ? Quels en sont les inconvénients et les avantages (conséquences) ? Comme toute réflexion philosophique, la philosophie de la prédation traite de l'homme dans ses rapports à ses prochains. Elle est anthropocentrique. Cela veut dire qu'elle a l'homme pour son objet principal, central et exclusif. Les rapports de l'homme à l'animal, à la plante, aux objets ne sont pas dans son domaine d'étude. Ainsi en étudiant les rapports de force, d'oppression et d'exploitation entre les bourgeois et les prolétaires, Karl Marx fait la philosophie de la prédation (la dictature bourgeoise et la dictature du prolétariat, la lutte des classes). Il en est un brillant précurseur comme son maître Hegel qui a enseigné la dialectique du maître et de l'esclave. Il en est de même pour Nietzsche. Celui-ci justifie, légitime la prédation de ses ancêtres préaryens qui étaient des bêtes blondes, des oiseaux de proie. A l'inverse de Hegel et de Marx qui condamnaient la prédation en prônant l'égalité, la liberté, la justice au plan social, économique et politique (socialisme, communisme), Nietzsche fait l'apologie de la prédation. Il s'est donné pour mission philosophique de transvaluer toutes les valeurs ascétiques en préconisant la sagesse tragique (immoralisme). Beaucoup de penseurs défendent la prédation. Charles Darwin, Jacques Attali, Klaus Schwab, Thomas Hobbes, Adolf Hitler (nazisme), Gobineau, Voltaire et autres sont au nombre de ces penseurs. Les ennemis de la prédation sont également nombreux. Il s'agit de tous les penseurs ascétiques. Kant, Hegel, Marx, Lénine, Mao, Fidel Castro, Jean-Paul Sartre, Mahatma Gandhi, Bouddha, Lao Tseu, Jésus Christ, Socrate, Platon représentent les plus grandes figures connues de la pensée ascétique ou anti-prédation.

Les théories de la prédation ont engendré des pratiques tragiques sur le plan politique (totalitarisme, absolutisme, dictature, despotisme) et socio-économique (capitalisme, esclavagisme, colonisation). Le monde repose sur des dualités. Il est divisé en deux blocs idéologiques, politiques, économiques, sociaux, culturels. C'est historique. Deux camps ennemis sont observables. Il y a le camp du mal et le camp du bien. Un duel historique domine le monde et l'humanité. Cette lutte mondiale est organisée, structurée et fonctionne politiquement, économiquement, socialement, culturellement et militairement. Il y a, d'un côté, les prédateurs (voleurs, tueurs, dominateurs, bourreaux, brigands, mafieux) et de l'autre côté les prédatés ou victimes, opprimés, dominés. C'est la lutte entre Satan et Dieu, entre le monde du bien et le monde du mal, entre les valeurs morales et les anti-valeurs ou valeurs satanistes, entre les hommes sains d'esprit, bons, justes et les gens fous, méchants, injustes.

1

La Politique Prédatrice

Cde gérer, de gouverner la société ou un pays. Cela se fait de différentes manières. Certaines formes politiques sont civilisées, humaines et salvatrices tandis que d'autres sont barbares, vicieuses et immorales. La politique salvatrice, humaine, vertueuse s'appelle la république démocratique ou Etat de droit et de morale. Elle favorise la liberté, la justice, l'égalité, la fraternité, la paix, la sécurité, la dignité, la prospérité, le bonheur des hommes et des peuples. La politique barbare, vicieuse, immorale, inhumaine s'appelle l'autocratie, l'absolutisme, le despotisme, la dictature etc. Cela est liberticide, criminel, prédateur. Cette politique est pratiquée par les oligarques et les ploutocrates sataniques et démoniaques. Leurs proies sont tous les peuples faibles, lâches, incapables de se défendre. Ces derniers sont asservis, dominés, exploités, opprimés, chosifiés. Ce sont des esclaves. Leurs maîtres ou bourreaux ont droit de vie et de mort sur eux. Ils sont « corvéables et taillables à merci ». Ils sont intoxiqués et manipulés à souhait. On leur ment, on les trompe. Ils sont aliénés. On leur fait croire qu'ils sont libres, en paix, en sécurité, heureux, dignes, autonomes, souverains. On leur dit qu'ils sont dans un monde paradisiaque et qu'ils n'ont rien à revendiquer. Mais en vérité, ils sont dans la jungle où les plus forts tuent et dévorent les plus faibles. Ils subissent la dure loi du plus fort.

Dans cette jungle, les faibles n'ont aucun droit. Ils n'ont que des devoirs. Ils ont l'obligation de servir les intérêts égoïstes et criminels de leurs maîtres oligarques et ploutocrates. Afin de mieux les dominer, les contrôler et les exploiter, les oligarques et ploutocrates soumettent les peuples à des pandémies qu'ils créent de toutes pièces (covid-19, Ebola, SIDA, paludisme, grippe etc.). Ils instaurent et entretiennent la peur panique, un climat de terreur dans le monde entier. Ils terrorisent tous les peuples faibles. Ils rendent toute la population mondiale absolument impuissante. Ils enferment et retiennent leurs proies dans leurs domiciles (confinement obligatoire). Ils les empêchent de se rapprocher les unes des autres (distance sociale). Ils les empêchent de parler et de se parler. Ils leur ferment la bouche à l'aide des masques faciaux. Ils ferment toutes les entreprises et imposent un chômage universel et catastrophique. Ils créent une crise socio-économique universelle qui appauvrit à mort tous les peuples en même temps. Ces bourreaux lucifériens et sataniques (francs-maçons, Illuminati) affament et empoisonnent les dix-sept milliards d'habitants de la terre à l'aide des virus, des produits chimiques. Ils livrent la guerre bactériologique, géologique à tous les pays à la fois. Ils pratiquent le terrorisme biologique, géologique, bactériologique partout afin de réduire drastiquement la population mondiale. Ils veulent supprimer 80 % de cette population et régner sur un tout petit nombre de personnes. Celles-ci seront transformées par eux en robots, en zombies grâce à des puces électroniques qu'ils mettront dans leurs corps à travers des vaccinations obligatoires, des médicaments et de la nourriture (thérapie génique). Ces personnes seront incapables de penser par elles-mêmes, de réfléchir, de critiquer l'ordre mondial, la pensée dominante, la « nouvelle normalité » cynique, immorale, diabolique. Les bourreaux oligarques et ploutocrates créeront des post-humains, des hommes dits augmentés grâce à l'intelligence artificielle, à la 5 G, au progrès de la technologie, de la biologie, de la génétique et de l'informatique. Ce pouvoir terrifiant s'appelle la technocratie (eugénisme, transhumanisme). Tout cela permet de piller aisément et impunément toutes les richesses, tous les biens, toutes les ressources économiques de la terre. C'est la PREDATION A L'ECHELLE PLANETAIRE. C'est aussi le GENOCIDE MONDIAL qui est en cours. Les oligarques mondialistes, francs-maçons et autres veulent toujours dominer, contrôler et exploiter le monde entier. Ils veulent faire de la terre leur propriété privée exclusive, leur bien à eux seuls (tel est leur but général). Ils veulent appliquer leurs philosophies fantaisistes, criminelles, des gens malades, des déréglés mentaux, des psychopathes. Ces philosophies ou idéologies sont l'eugénisme, le transhumanisme, le nazisme, l'économisme, le scientisme, le mondialisme, le technocratisme, le satanisme, la nouvelle normalité, le zoophilisme, le pédophilisme, le pédo-satanisme, l'homosexualisme, le transgendérisme, le nécrophilisme…

Leurs théoriciens ou doctrinaires principaux sont Jacques Attali (L'Avenir de la vie), Klaus Schwab (Le Grand Reset), Thomas Robert Malthus (Essai sur le principe de population), Adolf Hitler (Mon combat), Friedrich Nietzsche (Par-delà le bien et le mal), Voltaire (Essai sur les mœurs et l'esprit des nations), Gobineau Joseph Arthur (Essai sur l'inégalité des races humaines), Hegel (La Raison dans l'histoire). La politique de la prédation se traduit par la volonté de dominer, d'esclavagiser, de coloniser et de piller les peuples faibles et impuissants. Elle est organisée et dirigée par les peuples occidentaux et orientaux. Elle s'exprime par l'impérialisme, l'esclavagisme et la colonisation des Africains, des Amérindiens, des Asiatiques, des Océaniens. Elle a fait des dégâts inestimables partout sur la terre. Le Président Emmanuel Macron est le porte-flambeau et le symbole vivant et parfait de cette politique prédatrice, cynique après le Général de Gaulle, son émule. M. Macron est le champion actuel des sales boulots géopolitiques à travers le monde. C'est lui qui dévaste et déstabilise le continent africain présentement (depuis 2017) avec son armée, ses barbouses, ses légionnaires, ses mercenaires, ses terroristes, ses pantins ou marionnettes. C'est lui qui gère le macabre et satanique système esclavagiste, colonial, néocolonial, raciste et impérialiste dénommé la Françafrique. Il assure la pérennité de cette mafia parasite et prédatrice. C'est un bourreau impénitent et irréductible. Il contrôle, massacre et pille les Africains avec l'aide très dynamique et indéfectible de l'OTAN, de l'Union Européenne, de l'ONU et consorts. Il est le représentant des impérialistes, des oligarques, des ploutocrates et des capitalistes occidentaux (actuel Président en exercice de l'Union Européenne). Ainsi il livre une guerre très féroce et prédatrice à tous les pays africains et d'ailleurs qui essaient de résister à la prédation impérialiste, colonialiste et capitaliste, de revendiquer leur indépendance réelle, le respect de leur souveraineté, la coopération honnête, juste, gagnante-gagnante avec tous les pays au monde. L'Etat français est un lion vorace face à des moutons ou colonies en Afrique. Il ne vit que des razzias.

Dans cette dynamique, il ne fait que tuer, piller, voler, massacrer des peuples et des dirigeants africains rebelles, patriotes, révolutionnaires, indépendantistes, souverainistes. La France ne cesse d'agresser les peuples épris de justice, de liberté, de bonheur, de progrès, de prospérité, de grandeur, de puissance, de développement. Cela dure depuis l'époque de ses rois (Napoléon Bonaparte) jusqu'à ce jour. Présentement, elle fait la guerre impérialiste et prédatrice au Mali (dirigé par le colonel Assimi Goïta), au Burkina Faso (dirigé par le capitaine Ibrahim Traoré), à la Guinée Conakry (dirigée par Mamady Doumbouya), à la République Centrafricaine, au Niger, à la RDC etc. pour leur velléité indépendantiste et souverainiste. Elle dénie l'humanité et tous les Droits de l'Homme et des peuples aux Africains. La France vampirise et zombifie les Africains. C'est un parasite trop dangereux et génocidaire. Elle utilise tous les moyens pour arriver à ses fins prédatrices, néocolonialistes et impérialistes. Elle a sa main mises sur toutes les richesses de ses néocolonies africaines : or, diamant, pétrole, uranium, fer, bois, manganèse, cobalt, coltan, produits agricoles etc.

2

L'économie Prédatrice

Qu'est-ce que l'économie prédatrice ? C'est le système économique pratiqué par les pays impérialistes, capitalistes, esclavagistes et colonialistes. La France, l'Angleterre, la Belgique, l'Espagne, le Portugal, l'Allemagne et consorts pratiquent cela depuis des siècles en Afrique, en Europe, en Asie, en Amérique, en Océanie. Ces pays prédateurs ont créé des colonies d'exploitation et d'habitation dans le monde entier. Ainsi la France a donné hypocritement une pseudo-indépendance, une indépendance purement formelle, sans contenu concret, à ses nombreuses colonies africaines à partir de 1957 et continue de les contrôler, de les exploiter, de les dominer et de les piller allègrement, sans gêne, sans remords ni scrupule. Elle leur a fait signer de force un contrat cynique, léonin et suicidaire (gardé secret) qui s'appelle aujourd'hui le Pacte colonial. Cela contient onze points essentiels (retenez votre souffle).

1. La dette coloniale pour remboursement des bénéfices de la colonisation
   Les Etats nouvellement indépendants doivent rembourser le coût des infrastructures construites par la France pendant la colonisation.

2. La confiscation automatique des réserves financières nationales

   Les pays africains doivent déposer leurs réserves financières auprès de la Banque de France. Ainsi la France «garde» les réserves financières de 14 pays africains depuis 1961 : le Bénin, la Côte d'Ivoire, le Burkina Fasso, la Guinée Bissau, le Mali, le Niger, le Sénégal, le Togo, le Cameroun., la République Centrafricaine, le Tchad, le Congo-Brazzaville, la Guinée Equatoriale et le Gabon.

3. Le droit de premier refus sur toute ressource brute ou naturelle découverte dans le pays.

   La France a le premier droit d'achat des ressources naturelles de la terre de ses ex-colonies. Ce n'est qu'après que la France ait dit : « Je ne suis pas intéressée, que les pays africains sont autorisés à chercher d'autres partenaires.

4. Priorité aux intérêts et aux entreprises français dans les marchés publics et appels d'offre publics

   Dans l'attribution des marchés publics, les entreprises françaises ont la priorité sur l'attribution. Même si les pays africains peuvent obtenir un meilleur rapport qualité-prix auprès d'un autre partenaire. En conséquence, dans la plupart des ex-colonies françaises, tous les leviers économiques des pays sont entre les mains des expatriés français. En Côte d'Ivoire, par exemple, les entreprises françaises possèdent et contrôlent tous les grands services publics tels que l'eau, l'électricité, le Téléphone, les transports, les ports et les grandes banques. C'est la même chose dans le commerce, la construction et l'agriculture.

5. Droit exclusif de fournir des équipements militaires et de former les officiers militaires des colonies.

   Grâce à un système sophistiqué de bourses, de subventions et les « accords de défense » attachés au pacte colonial, les Africains doivent envoyer leurs officiers supérieurs en formation en France. La situation sur le continent est telle que la France a formé des centaines, voire des milliers de

« traîtres ». Ils sont tous en sommeil et seront activés en cas de besoin pour un coup d'Etat ou tout autre but (Le cas de Bozizé en Centrafrique)
6. Le droit pour la France de déployer des troupes et d'intervenir militairement dans le pays pour défendre ses intérêts. En vertu de ce qu'on appelle « les accords de défense » attachés au pacte colonial, la France a le droit d'intervenir militairement dans les pays africains et aussi de stationner des troupes en permanence dans les bases et installations militaires entièrement gérées par les Français.
7. L'obligation de faire du français la langue officielle du pays et la langue pour l'éducation.
   Une organisation de la langue française et de la diffusion de la culture française a même été créée. Elle s'appelle la « Francophonie » et possède plusieurs organisations satellites. Ces organisations sont affiliées et contrôlées par le ministre français des affaires étrangères.
8. L'obligation d'utiliser le franc CFA (Franc des Colonies Françaises d'Afrique)
   Voilà la vraie vache à lait pour la France. Mais la France n'est pas prête à faire tomber ce système économique datant de la colonisation qui met environ 500 milliards de dollars des caisses de l'Afrique dans sa trésorerie.
9. L'obligation d'envoyer en France un bilan annuel et un rapport d'état des réserves.
   Pas de rapport, pas d'argent. Quoi qu'il en soit, le directeur des banques centrales des ex-colonies présente ledit rapport lors des réunions bisannuelles des ministres des Finances sur les ex-colonies. Ce rapport est ensuite compilé par la Banque de France et le Trésor français.
10. Renoncer à toute alliance militaire avec d'autres pays, sauf autorisation de la France. Pourquoi les alliances militaires régionales en Afrique sont les plus faibles ? La plupart des pays ont seulement des alliances militaires avec leurs ex-colonisateurs.

11. L'obligation de s'allier avec la France en cas de guerre ou de crise mondiale.
Plus d'un million de soldats africains se sont battus auprès de la France pour la défaite du nazisme et du fascisme au cours de la seconde guerre mondiale. Leur contribution est souvent ignorée ou minimisée par la France de nos jours.

Ce qui caractérise fondamentalement l'économie prédatrice est la criminalité, l'immoralité, la barbarie, la cruauté, le cynisme, la violence, l'arbitraire. Cette économie est le mal suprême. Les prédateurs économiques sont des voleurs, des brigands, des assassins, des génocidaires, des massacreurs. Les Français ont commis des carnages, des génocides dans toutes leurs colonies. Les Anglais ont exterminé des peuples entiers en Amérique, en Océanie etc. Les Belges ont fait de même en Afrique, notamment au Congo, avec leur roi très sanguinaire, Léopold II. De même, les Allemands ont commis des carnages en Afrique. C'est la cruauté absolue, extrême, partout où se pratique l'économie prédatrice (guerre, racisme, terreur, terrorisme, Apartheid). C'est le sort subi par les peuples esclavagisés, colonisés, prolétarisés, dominés.

3

La Prédation Culturelle

Qu'est-ce que la culture ? En quoi consiste la prédation culturelle ? La culture s'entend ici comme l'ensemble des valeurs et des choses créées par chaque peuple pour assurer sa vie, son bonheur. C'est l'ensemble des manières de vivre, de penser et d'agir propre à une société. Les us et coutumes, les paradigmes ou modèles d'un peuple font partie de sa culture (comme acquis) qui s'oppose aux données naturelles. Toutes les sociétés et tous les peuples ont leurs cultures. Ainsi on parle des cultures européennes, américaines, africaines, asiatiques : la culture chinoise, française, anglaise, arabe, indienne etc. La prédation culturelle est l'action nuisible, maléfique, exercée par les peuples conquérants, impérialistes contre les peuples pacifiques qu'ils ont soumis, esclavagisés, colonisés. Cela consiste dans l'aliénation et la dépossession d'un peuple de ses valeurs culturelles. Ainsi les peuples qui sont dans les colonies anglaises, françaises, portugaises, espagnoles en Afrique, en Amérique, en Asie, en Océanie ont perdu leur originalité, leur authenticité ou identité. Ils se confondent à leurs envahisseurs et à leurs prédateurs. Ils ont fini par épouser la mentalité ou l'esprit de leurs bourreaux. Les Français, les Anglais, les Portugais, les Espagnols ont transformé leurs colonies ou esclaves en eux. Chaque peuple colonisé pratique les us et coutumes de son colonisateur. Il parle sa langue, pratique sa religion, se nourrit, s'habille, pense comme lui. Il quitte sa culture propre au profit de celle de son envahisseur. Il est acculturé, déraciné, dépersonnalisé. Son maître ou colonisateur lui vole sa culture, son âme, son esprit. Ainsi chaque Africain d'aujourd'hui parle soit français soit anglais soit espagnol soit portugais soit arabe.

Chaque Africain est donc victime de la prédation culturelle, mentale, psychologique, spirituelle. Son identité et son patrimoine culturels lui ont été ravis. Il est dépouillé, paupérisé, affaibli. Ses objets cultuels, artistiques, techniques, artisanaux lui sont dérobés ou arrachés de force et se retrouvent en Occident, exposés dans des musées des pays colonisateurs. Ils sont parfois vendus aux enchères. Cela enrichit les pays prédateurs. Les colonisés sont expropriés, exploités, dominés, dépossédés. Un Africain francophone ou anglophone n'est qu'une sorte d'objet, de chose. Il est sans dignité. Il est ridiculisé partout. Il n'a pas droit au respect des autres peuples. Il est totalement méprisé, humilié et discriminé partout, en Occident et en Orient. La prédation culturelle englobe la prédation politique et économique. En effet, la culture englobe la politique, l'économie, l'art, la technique, la science, la religion, la morale, le droit, les institutions sociétales. Ainsi la France a imposé son système social, juridique, moral et politique à toutes ses colonies à travers le monde. Par exemple, Etat-nation, Etat unitaire, jacobin, républicain, pluralisme politique, présidentialisme, Etat de droit. Cela lui permet naturellement de dominer, de contrôler, d'exploiter, de piller, de gérer, de gouverner ses enclos coloniaux. C'est elle qui fabrique les pseudo-Présidents africains, ou les marionnettes de ses colonies, par des élections truquées, injustes ou par des coups d'Etat. Elle combat férocement les patriotes de chaque colonie. Elle les tue, les empêche de prendre et d'exercer le pouvoir politique au profit des Africains. Elle a créé des bases militaires dans toutes ses colonies. Celles-ci sont chargées de protéger, de défendre ses intérêts criminels, mafieux, capitalistes. La France a neutralisé, « supprimé » toutes les institutions politiques authentiques des Africains (royauté, empire). Elle les a remplacées systématiquement par ses institutions à elle, qui lui sont profitables. Ses gouverneurs coloniaux à la peau noire gèrent tous les biens et toutes les richesses africains pour elle au nom d'un contrat global, léonin, appelé le Pacte colonial. Tous les soi-disant Présidents africains qui osent s'opposer à ce contrat sont systématiquement renversés, quand ils sont chanceux, sinon tués. De 1960 à ce jour, la France et ses alliés ont assassiné 61 dirigeants africains patriotes (Thomas Sankara, Sékou Touré, Sylvanus Olympio, Modibo Keïta, Idriss Deby Itno, Marien Ngouabi, Mouammar Kadhafi…). L'oppression, l'exploitation, le massacre, la soumission et la domination de l'homme par l'homme sont les comportements des prédateurs. Le prédateur est inhumain, immoral, sauvage, barbare, violent, cynique. « La France n'a pas d'ami. Elle n'a que ses intérêts », dixit Charles de Gaulle, ex-président putschiste de la France et grand massacreur des Africains. Le prédateur est un vampire, un parasite, un mafieux, brigand sans vergogne ni scrupule. Les prédateurs occidentaux et orientaux ont volé les sciences, les techniques, les institutions, les connaissances ésotériques, exotériques, physiques, métaphysiques, théologiques des Africains pour construire leurs mondes et créer leurs civilisations. Toutes les valeurs et tous les modèles culturels ou civilisationnels sont partis de l'Afrique. Tout est né en Afrique et tout a été diffusé par la suite dans le reste du monde. L'humanité est née en Afrique avec toutes les valeurs humaines et sociétales. Dieu, le créateur de tout, est Africain. Il est NOIR. Cela est dit dans la langue hébraïque. Tous les premiers grands penseurs, savants, sachants, philosophes, étaient noirs, Africains. Mais les prédateurs invétérés occidentaux et orientaux font croire tout le contraire par leur mauvaise foi et leur volonté de domination et de prédation. Ils éprouvent le plus terrible complexe d'infériorité déguisé en complexe de supériorité par orgueil et vanité. Leur attitude méprisante, haineuse et raciste à l'égard des Noirs, des Africains, ne traduit rien d'autre que la jalousie, la frustration et l'aigreur découlant de leur prise de conscience douloureuse de leur infériorité absolue, naturelle et historique.

Ils savent très bien qu'ils sont naturellement et culturellement inférieurs, très défavorisés et qu'ils sont condamnés à vivre éternellement en parasites, en mendiants, aux dépens des Africains. Ainsi ils cherchent leur bonheur et leur salut par la prédation, le pillage, le vol, le brigandage, la barbarie, le mensonge, la violence, l'injustice, l'arbitraire, le cynisme. D'où leur impérialisme, leur esclavagisme, leur colonialisme. Ils manipulent les Africains avec leurs religions, leurs doctrines philosophiques (idéologies mensongères, trompeuses), économiques (capitalisme, libéralisme), politiques (république, démocratie, multipartisme, Etat de droit), sociales (Droits de l'Homme) qu'ils ont volées aux Noirs et transformées en choses nuisibles, dangereuses. Ainsi leurs prétendues puissance, grandeur et supériorité ne sont, en vérité, que des marques de petitesse, de faiblesse et d'infériorité. Tout cela est bien attristant, honteux, pitoyable et malheureux même si les concernés eux-mêmes en sont très fiers comme des fous heureux. A l'ère de Poutine, que va-t-il se passer ? En tout cas, c'est plus que jamais le moment idéal, propice, du grand nettoyage, du grand assainissement, de la grande moralisation et de la grande sanctification du monde et de l'humanité pour mettre fin à la prédation générale sur la terre. Tel nous semble être l'enjeu global de cette troisième guerre mondiale qui a commencé en Ukraine et qui se poursuit. C'est la guerre entre les valeurs négatives et les valeurs positives, entre le Bien et le Mal, entre Dieu et Satan. Dieu doit gagner cette guerre. Dieu n'est-il pas Dieu ? Si. Dieu est et sera toujours Dieu. Il est omnipotent.

4

Idéologie Et Prédation

Qu'est-ce que l'idéologie ? En quoi peut-elle être prédatrice ? L'idéologie est la pensée qui sert une cause. C'est toute pensée ordonnée à une fin pratique. Celle-ci peut être soit politique soit économique soit sociale soit culturelle soit religieuse etc. L'idéologie ne vise pas la vérité. Elle est bien souvent menteuse, trompeuse. Elle se veut utilitaire, instrumentale comme arme de combat. C'est une pensée d'action et non de connaissance. Elle se veut donc efficace et utile. Elle permet la manipulation, la domination et l'exploitation des gens, des peuples. Elle sert à faire le bien et le mal. Sa fin peut être égoïste, personnelle ou collective (intérêt général, public). Le libéralisme, le capitalisme, le socialisme, le communisme (marxisme-léninisme, maoïsme), le christianisme, le confucianisme, l'hégélianisme, le taoïsme, le consciencisme, l'afrocratisme… sont des idéologies. La morale, le scientisme, l'eugénisme, le transhumanisme, les discours de la Bible, du Coran, de la Torah, de la Bhagavad-Gîta et autres sont des idéologies. L'idéologie prédatrice exprime le désir de posséder l'abondance, la surabondance de biens de toutes sortes. Elle exprime l'amour passionné du luxe, de la pléthore, de la somptuosité, du faste. L'idéologie de la prédation rend les gens méchants, gourmands, bêtes.

Le désir de posséder ou de s'approprier tous les biens les plus précieux et toutes les richesses du monde pousse les hommes et les peuples à la conquête guerrière, meurtrière et à la razzia. De là sont nés l'impérialisme, le colonialisme, l'hégémonisme, l'esclavagisme. Ainsi l'homme occidental a inventé le libéralisme économique, le capitalisme, le nazisme, l'eudémonisme, le transhumanisme (posthumanisme, robotisme, intelligence artificielle, armes de destruction massive). Il fait tout cela au nom de son enrichissement, de la productivité accrue, du gain maximal, optimal. Cela est devenu une loi qui met les peuples en guerre les uns contre les autres. Les Européens ont ainsi envahi militairement toutes les contrées du monde où se trouvent des ressources naturelles, minières, des matières premières les plus précieuses en surabondance comme or, diamant, pétrole, uranium, manganèse, fer, cobalt, Coltrane, gaz etc. Ils ont créé des colonies sur tous les continents pour le pillage, l'exploitation de ces choses à travers des génocides, des crimes infinis contre l'humanité. Cela a engendré toutes les terribles guerres (mondiales), l'esclavagisation puis la colonisation ou le massacre des milliards de personnes dans le monde. Des peuples entiers ont été exterminés par les oligarques, les ploutocrates européens en Afrique, en Amérique, en Asie, en Océanie pour assouvir le désir de bonheur, de puissance, de prospérité, de richesse, de développement, d'industrialisation de leur pays.

C'est aussi un désir affiché de suprématie et de domination qui traduit le mépris, la haine, le rabaissement, l'infériorisation des autres peuples. Les facteurs idéologiques de prédation sont multiples, infinis. Citons, entre autres, le capitalisme, le libéralisme, le racisme, le nazisme, l'eugénisme, le transhumanisme, le malthusianisme, l'attalisme (Jacques Attali), le Grand Reset (Klaus Schwab), le mondialisme, le darwinisme, l'immoralisme nietzschéen, l'impérialisme, l'esclavagisme, le colonialisme. Le capitalisme est l'instrument principal de la prédation dans le monde. Ses victimes se chiffrent en milliards de personnes sur la terre. C'est l'ensemble des prolétaires, des esclaves, des colonisés, des opprimés, des dominés.

Philosophie De La Prédation

C'est la lutte des classes selon Karl Marx (voir Le Capital, Le Manifeste du parti communiste). C'est la guerre des bourgeois, des oligarques, des ploutocrates contre les masses populaires, les faibles, les pauvres, les prolétaires. C'est la dictature bourgeoise capitaliste du monde unipolaire. Cela consiste dans la négation de la civilisation, de la morale ascétique, de l'humanité. C'est le règne absolu de la barbarie, le triomphe de la loi de la jungle (l'homme est un loup pour l'homme). Ainsi nous sommes dans un monde d'inégalité, d'injustice, d'arbitraire, de violence (la loi du plus fort). Il n'y a pas de démocratie, de république, de respect des Droits de l'Homme dans un tel contexte et un tel système. Les vertus morales authentiques (liberté, justice, égalité, fraternité, bonheur, sécurité, paix, charité, compassion, vérité, solidarité, amour du prochain, bonté) y sont exclues. Dans ce système unipolaire, ou jungle, les lions sont les bergers. Ils surveillent des troupeaux de moutons. Les oligarques, les ploutocrates et les bourgeois capitalistes sont des lions. Les peuples, les faibles, les prolétaires et autres sont des moutons. Les lions ont évidemment le droit de vie et de mort sur les moutons. Ainsi les Africains ne sont pas libres de décider quoi que ce soit pour leur vie et leur bonheur. Ils n'ont pas droit à la parole devant les Occidentaux. Ils n'ont pas de droit de veto à l'ONU. Eux, leurs biens et leurs richesses appartiennent aux bourgeois, aux bourreaux, aux ploutocrates et aux oligarques occidentaux selon la loi du monde unipolaire. Il en est de même des Indiens d'Amérique et des aborigènes d'Australie qui sont massacrés à loisir. Tous les peuples colonisés, esclavagisés et dominés par les nazis ou capitalistes anglais, français, belges, espagnoles, portugais et autres vivent ce triste sort. Ils vivent l'enfer et le calvaire sur terre (Congolais, Camerounais, Rwandais, Algériens, Sud-Africains, Namibiens, Zimbabwéens, Maliens, Burkinabès…).

Il convient de souligner très fortement ici les rôles diaboliques joués par des idéologues d'un très rare cynisme comme Jacques Attali, Thomas Robert Malthus, Adolf Hitler, Nietzsche, Klaus Schwab dans les catastrophes sanitaires et sécuritaires que connaît présentement l'humanité. Jacques Attali (L'Avenir de la vie) propose de créer des maladies, de fausses pandémies et des médicaments mortifères à ce sujet. Pour lui, il faut tuer les inutiles, les idiots, les vieux qui ne rapportent pas d'argent à la société mais qui font plutôt dépenser les gouvernements pour leur entretien. Il propose de fabriquer des médicaments spéciaux pour les supprimer doucement et lentement, par la ruse, en leur faisant croire que c'est pour leur bien et leur bonne santé (euthanasie). Il dit d'empoisonner et de piéger les enfants africains par des produits sucrés qu'ils aiment consommer et qui les rendront stupides, bêtes. Son idée est qu'il faut transformer, déformer ces enfants mentalement en les empêchant de penser et de réfléchir (aliénation psychologique). Jacques Attali est eugéniste, élitiste. Il ne veut voir que les gens qui sont excellents, rentables ou productifs dans la société. Pour lui, Il ne faut pas laisser vivre tout le monde. Il faut sélectionner les hommes. Il ne faut laisser vivre que ceux qui sont utiles ou les meilleurs, c'est-à-dire ceux qui contribuent à l'enrichissement de la société. Quant à Thomas Robert Malthus, il propose la diminution de la population mondiale afin que le monde évite la famine, la pauvreté, la misère. Cela doit se faire grâce à la guerre, à des maladies, à des calamités. Il faut que la productivité économique dépasse la fécondité. Quand le lit est trop fécond, la table est maigre, dit-on. Il faut donc inverser ce rapport pour la prospérité et le bonheur de l'humanité. On doit comprendre ici que Jacques Attali et Malthus se rejoignent. En effet, tous les deux proposent, en quelque sorte, la réduction de la population mondiale. Ils sont dans le plan des mondialistes, des oligarques et des ploutocrates covidistes et vaccinistes. Nietzsche et Hitler étaient des penseurs anti-Juifs et anti-nègres. Les nazis racistes qui sont éparpillés dans le monde pratiquent l'eugénique et le transhumanisme. C'est eux les oligarques mondialistes, capitalistes et francs-maçons les plus dangereux de la terre. Ils sont en train de diminuer la population mondiale par tous les moyens. Ils veulent supprimer quatre milliards d'habitants de la terre et contrôler trois milliards de rescapés. Thomas Robert Malthus leur a conseillé de réduire la croissance démographique, de favoriser et d'augmenter la croissance économique. La covid-19 et les vaccins obligatoires (thérapie génique) conduisent tout droit à cet idéal satanique, cynique, mondialiste. La loi de la productivité, de l'intérêt et du gain ou profit règne suprêmement ici. Elle gouverne les esprits et les comportements des bourgeois capitalistes, oligarques, ploutocrates. Elle a fait mettre en place la politique diabolique du génocide planétaire, de la violation de tous les droits de l'homme, le covidisme, le vaccinisme, la suppression de la civilisation et de la morale. Tels sont les rôles joués par les idéologues et les économistes dans l'histoire mondiale.

5

Institutions Et Prédation

A quoi servent les institutions internationales ? Elles servent à la prédation dans le monde unipolaire ou occidentalocentrique. L'Occident les a créées pour contrôler, gouverner et piller le reste du monde. C'est la raison d'être de l'Organisation des Nations Unies. L'ONU est une arme géopolitique, géo-économique, géostratégique, géo- sociale, géoculturelle servant à dominer, à esclavagiser, à coloniser tous les peuples non-occidentaux. Elle représente le plus grand danger du monde. Elle gère machiavéliquement et cyniquement la vie quotidienne de tous les peuples. Elle s'intéresse à tous les aspects de la vie des peuples : sécurité, santé, éducation, loisir, distraction, nourriture, commerce, finance, tribunal, armée. Telle est la raison d'être des institutions comme UNICEF, Conseil de Sécurité, OMS, OMC, BM, FMI, OTAN, CPI, TPI…Ses avatars en Afrique et en Europe sont la CDEAO, l'UEMOA, l'Union Africaine, l'Union Européenne etc. Au lendemain de la seconde guerre mondiale, les pays occidentaux ont créé l'ONU en remplacement de la Société des Nations (SN). Son intention affichée était de promouvoir la paix et la sécurité dans le monde. Mais, à la vérité, l'ONU est plutôt utilisée contre les pays du tiers-monde. Elle est la manifestation de l'arbitraire, de l'injustice, de la violence, de la prédation des Occidentaux. Les puissants impérialistes s'en servent à cœur joie pour dominer, piller, coloniser l'Afrique et l'ensemble du tiers-monde.

L'Afrique est la proie et la cible principales de l'ONU. Cette Organisation la contrôle et la terrorise. Elle lui impose des Présidents dictateurs, qui sont ses valets, ainsi que ses décisions cyniques qui servent ses intérêts impérialistes. L'OTAN est l'armée spéciale des prédateurs à travers le monde. Elle intervient partout où des Etats s'opposent à la soumission et à la prédation. L'Organisation mondiale de la santé (OMS) fait la prédation sanitaire. Elle gère et contrôle tous les médicaments et tous les vaccins. Elle dispose de la vie de tous les habitants de la terre. Elle interdit à des pays de fabriquer leurs propres médicaments et leurs propres vaccins pour assurer la santé de leurs populations. Les nations qui lui résistent sont punies très méchamment. Leurs Présidents risquent la mort (John Mongufuli, en Tanzanie, qui a refusé les vaccins covid dans son pays). Ainsi le Président Andry Rajoelina de Madagascar a échappé plusieurs fois à la mort pour avoir fait fabriquer son propre remède contre la covid-19 et avoir refusé les vaccins covid mortifères et stérilisants des Occidentaux mondialistes, impérialistes. Le commerce des vaccins et des médicaments sont des plus juteux au monde. C'est une affaire de très gros sous. C'est le monopole absolu des oligarques et des capitalistes occidentaux (mafia). Dans cette période de covid-19, l'OMS impose la thérapie génique (vaccin anti-covid-19) et d'autres choses à tous les habitants de la planète. Elle exige que tous les Etats du monde renoncent à leur souveraineté sanitaire à son profit. Elle veut avoir le monopole de soigner tous les habitants de la terre. Cela permettra aux démons et aux satanistes mondialistes (eugénistes et transhumanistes) d'empoisonner et de réduire la population planétaire de 80%. C'est le plan et le programme secrets, stratégiques pouvant permettre de réaliser les souhaits des oligarques, des francs-maçons et des Illuminati eugénistes et transhumanistes comme Bill Gates, Jacques Attali, George Soros, Rockefeller, Rothschild, Malthus, Klaus Schwab et autres.

L'Organisation Mondiale du Commerce (OMC) pille tous les pays. C'est un instrument qui permet de gérer et de contrôler le commerce et donc l'économie de tous les pays. Elle impose des règles prédatrices aux commerçants. Dans la même veine, la Banque Mondiale, le Fonds Monétaire International, le Club de Paris, le Club de Rome, le Club de Londres et autres pillent et ruinent les pays du tiers-monde (Afrique). Ces institutions financières prêtent de l'argent à des taux d'intérêt excessifs aux pays africains qui sont incapables de payer leurs dettes. Par conséquent, les prédateurs confisquent toutes leurs ressources naturelles, minières, minérales et leurs productions agricoles pour toujours. C'est la prédation paupérisante qui maintient les pays africains dans l'esclavage, la colonisation et la misère chroniques. Ainsi les vautours, les charognards, les éperviers et les aigles dévorent allègrement, goulument l'Afrique impuissante et résignée. Que dire de la CPI et du TPI ? Ces deux institutions sont également des armes redoutables de ces mêmes terroristes, bourreaux et prédateurs occidentaux. Elles sont utilisées contre les dirigeants politiques et les pays du tiers-monde. Elles jugent, condamnent et emprisonnent des Présidents africains pour des crimes et des génocides que l'Occident impérialiste et colonialiste commet en Afrique et ailleurs. Quelle mauvaise foi ! Quel machiavélisme ! Quel cynisme ! Quelle hypocrisie ! Quelle diablerie ! En Afrique, la CEDEAO, l'UEMOA et l'Union Africaine jouent ce même rôle prédateur (comme des chevaux de Troie) pour le compte des bourreaux impérialistes. Ce sont des institutions fantoches. Elles fonctionnent sous les ordres de l'Occident. La France, l'Angleterre et d'autres pays leur dictent leurs lois prédatrices et néocolonialistes en se cachant lâchement et hypocritement derrière l'Union Européenne et l'ONU. L'arme économique la plus nuisible employée par ces institutions est la monnaie nazie dénommée le Franc des Colonies Françaises d'Afrique (FCFA). Celle-ci lui permet de voler les devises et de confisquer les réserves financières de 14 pays africains. La France fabrique et impose cette fausse monnaie à ses colonies africaines depuis l'époque du Général de Gaulle. Cela lui rapporte

500 milliards de dollars par an. Les dégâts ainsi causés aux Africains sont énormissimes. Cela empêche ces pays de s'industrialiser, de s'enrichir, de se développer.

6

Civilisation Et Prédation

Les Occidentaux ayant colonisé les Africains disent qu'ils l'ont fait par amour et à l'avantage de leurs victimes. Ils affirment que c'était leur mission humanitaire et civilisatrice (quelle insulte !). Ils demandent aux Africains de reconnaître ce « bienfait ». Ils vont bien plus loin. Car ils exigent même des réparations ou des récompenses. Cela s'appelle la dette coloniale. Cela veut dire que les colonisateurs ne se reprochent rien du tout. Ils ont la conscience tranquille. Ils se considèrent plutôt comme des bienfaiteurs, des missionnaires de Dieu chargés de sauver et de civiliser les Africains. Ils sont très fiers et satisfaits de leur action colonisatrice en bons manipulateurs, escrocs, menteurs, voleurs et brigands. Ils se glorifient et se vantent (sans pudeur ni scrupule) d'être ce qu'ils sont et se prennent pour des saints. Nous, les Africains, devons-nous les prendre pour tels ? Non. L'Occident est-il civilisé ? Non. Est-ce un enfant de cœur ? Non. Généralement, un civilisé est celui qui habite une cité, une ville, qui est bien éduqué et accompli moralement. Il est par conséquent humain, bon, juste, honnête, loyal. Il ne saurait faire de mal à personne. Il est opposé au sauvage qui vit en forêt parmi les animaux et qui serait violent, barbare, sans morale ni civisme. Ainsi les Occidentaux se disent civilisés et voient les Africains comme des sauvages, des animaux (Voltaire, Hegel, Gobineau…). C'est pourquoi ils s'imposent en maîtres, en éducateurs méprisants, condescendants, insultants vis-à-vis d'eux.

Or la colonisation, on le sait, n'est rien d'autre qu'un système de violence, de barbarie, d'injustice, d'arbitraire, de prédation, de massacre, de domination, d'exploitation, de pillage, d'oppression. C'est anti-morale, anti-humanisme, anti-droit. Un tel système ne peut point être érigé en civilisation, en instrument de salut, de bonheur des Africains. Qu'est-ce que la civilisation ? C'est un mode de vie fondé sur les vertus morales, civiques et humanistes. C'est le contraire de la colonisation et de l'esclavage. Un peuple civilisé est celui qui est contre la colonisation et l'esclavage. C'est un peuple moral et humain. La civilisation s'oppose à la prédation, à l'impérialisme, à l'occidentalocentrisme. La civilisation est le bien et la prédation est le mal en tant que violence, injustice sociale, économique, politique, géopolitique, géo-économique, géoculturelle. La prédation est l'essence de l'occidentalocentrisme, de l'hégémonie occidentale, du colonialisme, de l'esclavage comme système de vol, de pillage, de brigandage, de mensonge, d'arbitraire, de banditisme, d'oppression, de domination. La prédation est le cynisme au degré absolu. Car elle consiste à occuper militairement un pays pour soumettre sa population, détruire sa culture, voler, piller ses biens, ses richesses. Cela transforme un pays en enfer, rend sa population pauvre, miséreuse, mendiante. La prédation consiste à faire main basse sur la vie d'un pays. Le prédateur se donne le droit de vie et de mort sur ses victimes.

Tous les pays prédateurs sont barbares et sauvages. Ils sont méchants. Ce sont des monstres dévorateurs. Ils maintiennent leurs victimes ou colonies dans la souffrance chronique, dans le sous-développement et le contre-développement. La France est la championne du monde, toute catégorie, de prédation et de colonisation-esclavagisation. Elle vit éternellement, gracieusement, sur le dos de ses quinze colonies africaines qu'elle a rendues impuissantes, exsangues et incapables de se défendre, de se libérer de sa domination. La France ne veut point se prendre en charge ni se rendre indépendante de ses colonies. Elle est trop habituée à la facilité, à son parasitisme honteux et criminel. Elle se complaît là-dedans et nargue ses proies et le monde entier. Ainsi elle est coupable et responsable d'innombrables génocides en Afrique à travers ses guerres coloniales et prédatrices. Ce fut le cas en Algérie (un million de morts), au Cameroun (des millions de morts), en Côte d'Ivoire (dix mille morts), au Rwanda (un million de morts), en RDC (dix-sept millions de morts et des millions de femmes violées et ça continue), au Tchad, en Centrafrique, au Mali, à Madagascar, en Libye, au Sénégal etc. La France a installé le terrorisme dans le Sahel. Grâce à cela, elle déstabilise et contrôle ses colonies, pille leurs ressources naturelles, minières, stratégiques. Avec son armée, ses terroristes et ses mercenaires, la France exploite allègrement tous les pays du Sahel et du Golfe de Guinée. Elle chasse du pouvoir et tue leurs Présidents honnêtes, patriotes, souverainistes, dignes, responsables, incorruptibles, non soumis : Thomas Sankara, Mouammar Kadhafi, Sékou Touré, Modibo Keïta, Sylvanus Olympio, Idriss Deby Itno et tant d'autres ont été assassinés. Au jourd'hui, avec la montée en puissance du patriotisme grâce à la vulgarisation de l'idéologie panafricaniste, le départ de la France du continent africain est exigé avec force, à cor et à cri, par la jeunesse et les peuples africains. Le roi est nu. Les Africains ont pris conscience du danger suprême que constitue la France adossée lâchement à l'OTAN et à l'ONU. Les Africains s'opposent farouchement à la prédation continuelle de la France. Les Africains combattent férocement la France prédatrice jusqu'au prix de leur vie. Ils lui infligent des défaites incroyables. Les Africains sont désormais réveillés, éveillés, conscients, mobilisés, chauffés à blanc par les activistes politiques et panafricanistes. Ils exigent l'abolition de la monnaie nazie prédatrice dénommée le Franc des Colonies Françaises d'Afrique (FCFA). Rien ne sera plus comme avant. La révolution africaine est engagée. Elle progresse. Elle a été lancée par le colonel Assimi Goïta. Elle est très soutenue et très bénie par les peuples africains, à l'exception des Africains corrompus, traîtres, valets, vassaux, marionnettes de la France, de l'impérialisme, du colonialisme ou colons et négriers endogènes. Tous les gouverneurs français à la peau noire ou Présidents africains laquais doivent être balayés du pouvoir au plus vite. Ils dirigent les pays africains comme des chevaux de Troie de la France, avec la procuration française. Ce sont des prête-noms. Leur rôle est de maintenir le système prédateur, françafricain en place pour toujours. Ils seront emportés manu militari par le vent de Bamako ou l'Assimisme, synonyme de la révolution et de la renaissance africaines.

Tout bon panafricaniste ou tout conscient africain est très fier et fanatique du brave, de l'intrépide, du héros Assimi Goïta, très digne Président actuel du Mali. Nous sommes tous ses émules, ses épigones, ses disciples. Partout en Afrique, on crie désormais haut et fort : A bas la France ! A bas la prédation ! A bas le néocolonialisme ! Adieu, la France ! France dehors ! France, laisse l'Afrique en paix, libre ! Adieu, grand Satan ! Honte aux néo-colons ! L'Afrique libre, indépendante, souveraine ou la mort ; nous vaincrons. Vive kama ! Vive la déesse Maât ! Vive la culture africaine ! Vive la civilisation maâtique ! Vive la maâtocratie ou l'afrocratie !

7

Démocratie Et Prédation

La démocratie renvoie-t-elle à la prédation ? Oui. Chez les Occidentaux, ces deux termes sont synonymes. Ils nous le montrent tous les jours à travers le monde, l'histoire, la vie et la réalité. Ils confondent ces deux choses chez eux, dans leur quotidien, à l'étranger, dans leurs colonies ou zones d'influence, de domination. Analysons ces deux concepts pour faire éclater la vérité à ce sujet. Qu'est-ce que la démocratie ? C'est une forme de gouvernement dans laquelle le peuple entier exerce le pouvoir en vue de sa liberté et de son bonheur. C'est le « gouvernement du peuple par le peuple et pour le peuple » selon Abraham Lincoln, ex-Président des Etats-Unis d'Amérique. La démocratie est donc un système politique très vertueux ou moral. Cela garantit la liberté et le bonheur de tous et de chacun, la justice égalitaire, distributive et réparatrice. La démocratie défend et protège les droits de tous les citoyens. Elle exclut la violence arbitraire, l'injustice, la dictature, le totalitarisme, l'autocratie, le despotisme, le mal. Elle requiert le consentement populaire sur toutes les décisions nationales. La démocratie est fondée sur la morale et l'humanisme et exclut toutes les formes de gouvernement barbares et sauvages.

Ainsi l'idée de démocratie récuse l'idée de prédation. Une société démocratique (et donc civilisée et vertueuse) ne saurait se livrer à la colonisation et à l'esclavagisation d'un peuple sur la terre. Un peuple sain et saint ne peut faire de mal à personne. Il ne peut violer les Droits de l'Homme proclamés par l'ONU en 1948 ni les dix commandements de Dieu ni les lois de la Déesse Maât : vérité, justice, amour du prochain, fraternité universelle, harmonie, équilibre, paix, sécurité, honnêteté. Un peuple démocratique, civilisé est un peuple exemplaire, c'est-à-dire accompli moralement. Il est parfait en civisme. Il est divin. « S'il y avait un peuple de Dieu, il se gouvernerait démocratiquement ; un système si parfait ne convient pas à des hommes, dit J-J Rousseau. Celui-ci souligne ainsi le caractère divin de la démocratie, c'est-à-dire sa pureté morale. La démocratie n'est donc qu'un idéal politico-moral, une utopie. Cependant les impérialistes, les esclavagistes et les colonialistes occidentaux affirment tout d'ego, haut et fort, qu'ils sont démocrates. Ils accusent les autres peuples qu'ils agressent, dominent, exploitent, oppriment, assassinent et pillent d'ignorer la démocratie. Ils se sont érigés en donneurs de leçons politiques et morales, en gendarmes de la démocratie à travers le monde entier. Et au nom de l'Idéal démocratique, leur prétexte, ils terrorisent, envahissent les autres peuples et leur font la guerre, détruisent leurs pays, assassinent leurs Présidents. Cela a eu lieu, par exemple, en Iraq, en Libye, en Yougoslavie etc. Ils font des guerres soi-disant de démocratisation qui ne sont, en fait, que des guerres de prédation, d'occupation, d'esclavagisation et de colonisation des autres peuples militairement faibles et impuissants.

Les Occidentaux sont trop malins et trop rusés. Ils tuent, volent, pillent et soumettent les peuples africains, en disant défendre la démocratie. Lorsqu'ils veulent attaquer, occuper, détruire et piller un pays, ils disent qu'il n'est pas démocratique. Ils disent qu'il est dirigé par un dictateur, un bourreau. Ils disent que le bon Dieu les envoie libérer ce pays de la dictature et du mal. Ils prétextent qu'ils veulent sauver ce pays en le déclarant en danger. L'Enfer est vraiment pavé de bonnes intentions. Telle est la stratégie ou l'astuce des impérialistes et des colonialistes autoproclamés DEMOCRATES. Cela masque bien leur barbarie et leur folie meurtrière, leur volonté de prédation et de domination. Peut-on affirmer que ces utilisateurs du code noir, de la charte de l'impérialisme et du pacte colonial sont des êtres humains, des êtres civilisés et des démocrates ? Non. Qui peut démontrer et prouver que ces oligarques capitalistes, mondialistes, covidistes, vaccinistes, eugénistes et transhumanistes sont des démocrates, des humanistes, des philanthropes ? Personne. Les bourreaux de Présidents occidentaux sont-ils démocrates ? Non. Tous ceux qui gouvernent la terre entière dans l'ombre en se cachant derrière les Présidents fantoches, marionnettes, ne sont point démocrates. Ceux qui veulent stériliser les gens et dépeupler la terre ne sont point démocrates. Les pédo-satanistes, francs-maçons, Illuminati, eugénistes, transhumanistes et autres assassins de la morale et de la civilisation traditionnelles ascétiques ne sont point démocrates. Le démon ne peut être démocrate. Ceux qui veulent supprimer l'humanité ou la remplacer par la machine ne peuvent être démocrates. La criminocratie, la malocratie, la barbarocratie, la bellocratie, la kleptocratie, la mythocratie, la banditocratie, la brigandocratie ne sont point la DEMOCRATIE. Avec les impérialistes et les prédateurs occidentaux, le mal prend le nom du bien, le bien prend le nom du mal, le malheur prend le nom du bonheur. Le diable se présente en tenue d'ange. Il se dit bienfaiteur et sauveur de l'humanité, justicier et gendarme du monde. Alors dans quel monde sommes-nous au juste ? Dans les langues occidentales, les mots vertueux, charmants et lénifiants expriment et désignent le contraire des choses qu'ils sont sensés exprimer et designer. Donc les langues occidentales nous piègent, nous trompent, nous nuisent. Ainsi démocratie signifie démonocratie, diablocratie, satanocratie, méchantocratie, génocidocratie, impérialisme, crapulerie, prédation, mafia, terrorisme. Cela est très bien compris. En somme, tous les actes criminels et toutes les violations des Droits de l'Homme commis par les Occidentaux, qui sont profitables à ces derniers, sont démocratiques. Donc la démocratie consiste à défendre, à protéger leurs intérêts mafieux, oligarchiques, capitalistes, à les enrichir davantage par tous les moyens criminels et sataniques. Ainsi la dictature sanguinaire et prédatrice pratiquée par leurs gendarmes que sont les Présidents africains est démocratique. Très démocratique. C'est pourquoi ils aiment, protègent, bénissent, adorent ces Présidents en Afrique. Leurs contraires sont qualifiés de dictateurs, d'antidémocrates, de démons à abattre. La logique est renversée. Le monde est posé sur sa tête. Ses jambes sont en l'air. Les monstres sont rois. Ils sont loués et glorifiés. Les valeurs sont transvaluées. Les lions sont démocrates. Ils sont les bergers. Ils sont décorés et honorés pour leur prédation démocratique.

Conclusion

La philosophie de la prédation présente les contradictions antagoniques du monde unipolaire avec toutes ses laideurs, tous ses vices ou pratiques impérialistes, colonialistes, esclavagistes. Elle dévoile les antinomies de la politique, de l'économie, ainsi que les paradoxes de ce monde. La prédation est l'activité principale du monde unipolaire. Mais elle est soigneusement voilée par la rhétorique mensongère, démagogique des oligarques et ploutocrates capitalistes, manipulateurs. Ces derniers transvaluent toutes les valeurs ascétiques dans la vision tragique de Nietzsche. La prédation est masquée par des euphémismes qui symbolisent les plus hautes valeurs humaines. Ainsi elle s'appelle démocratie, république, Etat de droit, civilisation, humanisme, politique, pouvoir, libéralisme etc. Les pays prédateurs prétendent civiliser, éduquer, humaniser, libérer, développer et sauver les peuples qu'ils colonisent, esclavagisent, volent, exploitent et pillent. La prédation incarne la mauvaise foi, la ruse, le cynisme, l'esprit malin, le machiavélisme. C'est un jeu mafieux dans lequel les lions et les loups se font passer pour des agneaux innocents. C'est le lieu où les diables, les démons, Lucifer et Satan se font passer pour des anges sauveurs et pour le bon Dieu.

Les prédateurs sont en fait des esclavagistes, des colonialistes, des dominateurs, des pilleurs, des brigands, des pédo-satanistes. Leurs actions criminelles s'étendent à tous les continents et à tous les pays. Ils disposent de tous les biens et de toutes les richesses de la terre. Ils se sont faits maîtres et possesseurs de l'univers, de la nature et de tous les êtres. Ils font le destin de chacun de nous. Nous sommes tous leurs marionnettes, leurs esclaves et leurs robots. On a tout vu et tout compris avec le phénomène de covid-19, leur créature. Ils veulent nous supprimer par l'eugénisme, le transhumanisme et la thérapie génique (vaccins anti-covid-19 obligatoire pour toute l'humanité). Ils sont omnipotents et omniprésents. Ils veulent nous remplacer par des machines (les posthumains), l'intelligence artificielle, qui leur rapportera beaucoup plus d'argent. Leur Dieu créateur et sauveur est la science-technologie. Nous sommes dans la technocratie et l'élitisme outranciers. Ils considèrent tous les êtres humains comme des parasites encombrants, nuisibles à leurs intérêts, des vauriens qu'il leur faut éliminer physiquement et empêcher de se reproduire, d'où leur désir de stériliser tout le monde dans la mesure du possible. Ils sont antinatalistes (Emmanuel Macron), anti-population. Ils travaillent pour le dépeuplement de la terre, d'où le génocide planétaire qui est en cours comme œuvre des gens tels Jacques Attali, *L'Avenir de la vie*, Robert Malthus, *Essai sur le principe de population*, Klaus Schwab, *Le Grand Reset*, Bill Gates, George Soros, Rockefeller, John Morgan, la Couronne d'Angleterre, la famille Rothschild…. Ces oligarques mondialistes ont programmé l'assassinat systématique de 80 % de la population mondiale à l'aide de l'OMS, de l'ONU, de l'OTAN, de tous les dirigeants politiques et des institutions mondiaux, y compris les grandes firmes industrielles, pharmaceutiques, les hôpitaux et les mass-média qu'ils contrôlent, dominent et corrompent. La covid-19 n'est que leur coup d'essai : une pandémie artificielle qui déclenche une panique générale entraînant la suppression de toutes les libertés fondamentales, la dictature totale universelle, la mise à plat de la civilisation, de l'économie, de la morale. On comprend dès lors que l'occidentalocentrisme et l'unipolarité du monde entraîneront la fin de la vie sur terre. Que Dieu sauve le monde, l'humanité, la civilisation, la morale et la vie de tous les êtres !

Résumé Du Livre

La prédation dérive de l'esprit de mal. Elle est la résultante de toutes les pensées et de toutes les institutions négatives. Elle se manifeste par l'impérialisme, l'esclavagisme et le colonialisme. C'est la source principale de la vie et de la prospérité occidentales et orientales. C'est le substratum commun aux peuples occidentaux et orientaux.

Biographie De L'auteur

DR François Adja Assemien est né le 15 mars 1954 en Côte d'Ivoire. Il a étudié les lettres classiques (latin et grec), les sciences humaines et la philosophie. Diplômé en philosophie (Doctorat d'Etat) et en sociologie (Licence), il s'est consacré à l'enseignement de la philosophie à l'université, à l'écriture et à la recherche. Il parle et écrit trois langues vivantes que sont le français, l'anglais et l'allemand.

Il est auteur de plusieurs ouvrages publiés en Europe et en Amérique (essais, romans, contes, pièces théâtrales) et de plusieurs concepts tels l'Afrocratisme, la Philocure, la sidarologie…Il est également artiste musicien, compositeur, chanteur et guitariste. Il vit aux Etats-Unis d'Amérique.

www.ingramcontent.com/pod-product-compliance
Ingram Content Group UK Ltd.
Pitfield, Milton Keynes, MK11 3LW, UK
UKHW041956230426
12048UKWH00008B/380